유다정 지음 | 김소희 그림

지구를 구하는 발명책

기발한 아이디어로 희망을 주는
착한 발명품 이야기

봄나무
Bomnamu Publishers, Inc.

작가의 말
사람을 구하는 착한 발명

사람은 누구나 편리한 삶을 꿈꿔요. 그래서 여러 가지 발명을 하지요.

세탁기가 발명되기 전에는 손으로 직접 빨래를 하느라 몇 시간을 고생했어요. 하지만 요즘은 빨랫감을 세탁기에 넣고 버튼만 누르면 빨래가 돼요. 세탁기의 발명이 사람들의 삶을 더 편하게 만들어 준 거지요. 세탁기뿐인가요? 정수기가 있어 언제나 깨끗한 물을 마실 수 있고, 보일러가 있어 추운 겨울에도 편히 잘 수 있어요. 냉장고 덕분에 푹푹 찌는 여름에 시원한 얼음물을 마실 수 있지요. 자동차나 기차 덕분에 먼 곳도 쌩 갈 수도 있고요. 집에서 수도꼭지만 돌리면 물을 맘대로 쓸 수 있고, 스마트폰으로 지구 곳곳에서 일어나는 일을 실시간으로 볼 수도 있어요.

산업의 발달이 우리의 생활을 편리하게 만든 거예요. 그런데 이런 생활은 환경 문제를 만들어 내기도 해요. 환경 파괴, 자원 부족,

지구 온난화 등 산업의 발달이 불러 온 문제거든요. 또 다른 문제도 있어요. 부자나라 사람은 편리한 생활을 하지만 가난한 나라 사람은 아직도 힘들게 살고 있다는 거예요.

가난한 나라는 돈이 없어 수도나 전기 등 기반 시설을 갖추기 힘들어요. 결국 수많은 사람이 산업화의 혜택을 누리지 못하고 있는 것이지요.

현대 문명과 동떨어진 소외된 사람들! 그들도 편리한 생활을 하고 싶을 텐데…….

"소외된 사람들에게 희망을 주고 싶어!"

"깨끗한 물을 먹으면 병에 걸리지 않을 텐데…….''

"더 나은 삶을 살게 하고 싶어!"

이렇게 생각하는 사람들이 여러 가지 발명을 했어요. 가난한 사람도 살 수 있도록 값은 싸지만 튼튼하고, 환경도 망가뜨리지 않는 착한 발명품을 만들어 낸 거지요.

사람도 구하고, 지구도 구하는 착한 발명! 우리 그 속으로 들어가 볼까요?

모두가 편안한 삶을 살 수 있기를 소망하며…….

— 일산 작업실에서 유다정

차례

작가의 말 _004

1. 전쟁이 남긴 상처를 지울 수 있을까?

만화 | 일곱 살 무함마드 _010

◎ 도대체 왜 전쟁을 하는 걸까? _013
◎ 전쟁은 슬픔과 고통을 달고 온다 _020

지뢰를 폭발시키는 **마인카폰** _026 | **아포포 주머니쥐 특공대** _029
지뢰 제거 **마인카폰 드론** _032

2. 깨끗한 물을 마실 수 없을까?

만화 | 알리나, 힘을 내! _036

◎ 물은 꼭 필요해 _039
◎ 물이 위험하다고? _044
◎ 아프리카 아이들을 살리자! _049

깨끗한 물을 만드는 **라이프 스트로** _051 | 행복한 발명, **행복 대야** _052
온도 차를 이용한 **와카워터 타워** _055

◎ 물 부족이 몰고 오는 고통! _058

사막화를 막는 **씨앗 폭탄** _059 | 아이들의 미래를 바꾸는 **큐드럼** _062
착한 기술 **맹그로브 멤브레인** _066

3. 지구촌 모두가 공평하게 쓸 수 있는 에너지

만화 | 돼지를 어쩌나? _070

◎ 에너지 없이 살 수는 없어! _073
◎ 지구가 위험하다! _078
◎ 에너지 사용을 줄이는 착한 발명 _082
전기가 필요 없는 페트병 전구 _084 | 페트병 에어컨 _087
따뜻한 발명 지세이버 _089 | 싱싱한 채소가 좋아 항아리 냉장고 _092
발로 밟는 세탁기 기라도라 _095 | 나무를 살리는 사탕수수 숯 _096
태양을 이용한 쉐플러 조리기 _098

4. 늘어나는 바다 쓰레기, 죽어 가는 바다 생물

만화 | 장수거북은 장수할 수 있을까? _102

◎ 철썩철썩 파도치는 바다가 궁금해 _105
◎ 시름시름 병들어 가는 바다 _110
◎ 깨끗한 바다로 되돌리고 싶어! _116
작품으로, 생활 용품으로 다시 태어난 바다 쓰레기 _119
바다 전용 쓰레기통 씨빈 _120 | 바다 스스로 청소하는 오션 클린업 _124

찾아보기 _127
참고 도서, 참고 사이트 _130

1 전쟁이 남긴 상처를 지울 수 있을까?

일곱 살 무함마드

저 멀리 아프가니스탄에 무함마드라는 아이가 살았어.

무함마드는 일곱 살 작은 꼬마야.
그 작은 꼬마는 벽돌을 만드는 공장에서 온종일 일을 해야만 했어.

도대체 전쟁을 왜 하는 걸까?

탕! 타당! 피웅 피웅…….

전쟁 영화를 보면 무장한 군인들이 적을 찾아다니며 총을 쏴. 총에 맞은 적군은 피를 흘리며 쓰러지지. 서로 죽고 죽이는 게 전쟁이니까. 전투기로 폭탄을 떨어뜨려 한꺼번에 여러 명을 죽이기도 해.

"적을 모두 죽였다. 승리의 깃발을 올려라!"

전쟁에서 승리하기 위해 이런 끔찍한 일을 하는 거야. 이런 일은 영화에만 있는 게 아니야. 영화 같은 일이 실제로 일어나고 있거든. 아주 오래전부터 지금까지!

사람들이 언제부터 전쟁을 시작했는지 정확하게 알 수는 없어. 하지만 아주 오래되었을 거야.

"저기 있는 사슴을 잡자!"

사냥을 하고, 식물의 열매를 따 먹던 구석기 시대에도 싸움은 있었을 테니까. 농사를 짓기 시작한 신석기 시대에도 싸움을 했을 거야. 무기라고는 돌멩이나 막대기가 전부였겠지. 그러나 청동기 시대가 되자 무기다운 무기를 가지고 진짜 전쟁을 하기 시작했단다.

"칼과 창을 더 많이 만들어라!"

청동기 시대에 청동으로 칼이나 창 같은 무기를 만들어 낼 수 있었거든. 그러니까 전쟁 무기가 발달하면서 전쟁다운 전쟁을 하게 된 거야. 전쟁은 무기가 발달하면 할수록 더 자주 일어났어. 지금도 세계 여러 곳에서 전쟁이 벌어지고 있지. 과학 기술이 발달하면서 무기의 성능도 엄청나게 무서워졌어.

탕! 타당! 탕! 타당! 탕! 타당! 탕! 타당!…….

한꺼번에 수십 발의 총알이 발사되고,

펑! 콰쾅!

폭탄 하나로 수많은 사람을 죽이거나 건물을 폭파하기도 해.

폭탄 중에 가장 무서운 게 어떤 폭탄인지 아니? **핵폭탄**이야. 핵폭탄의 힘은 상상하기 어려울 정도로 강력해.

"핵폭탄이 터지면 어떤 일이 일어나요?"

핵폭탄 몇 개만 터져도 지구 환경이 끔찍하게 변할 거야. 수많은 사람이 죽을 뿐 아니라 지구를 보호해 주는 오존층도 파괴될 거야. 그럼 태양에서 쏟아져 내리는 자외선이 그대로 지구로 내려오겠지. 자외선이 증가하면 심각한 피해가 발생하는데 말이야.

"옥수수도 열리지 않고, 사과도 열리지 않았어."

우선 식물이 잘 자라지 않아. 농작물의 수확량이 확 줄어들 거야. 결국, 식량이 부족해 많은 사람이 굶주리게 될 거야.

"내가 피부암이래!"

피부암에 걸리는 동물이나 사람도 엄청나게 많아질 거야. 그러니까 동물이나 식물이나 다 살기 어려운 환경이 되는 거야.

"하늘이 온통 시커먼 핵먼지로 뒤덮였어."

핵먼지 때문에 햇빛을 받지 못할 수도 있어. 그럼 그 옛날 지구에서 공룡이 멸종되었을 때처럼 빙하기가 찾아올지도 몰라. 지구가 꽁꽁 얼어붙으면 생명체는 어떻게 될까?

"공룡처럼 멸종할 것 같아요."

그래. 생명체 대부분은 먹을 것이 부족해 굶어 죽거나 추위를 이기지 못하고 얼어 죽을 거야. 사람도 마찬가지야. 전쟁은 이렇게 무서운데 왜 끊임없이 일어날까?

"우리나라가 더 잘살아야 해."

이런 욕심 때문일까?

"내가 믿는 종교가 최고야. 다른 종교를 믿다니 참을 수 없어!"

종교적 갈등 때문일까?

"나와 피부색과 생김새가 다르잖아? 완전 미개인이야!"

인종 차별 때문일까?

전쟁이 일어나는 원인은 여러 가지야. 종교적 갈등이 원인이 되기도 하고, 인종 차별이 원인이 되기도 해. 넓은 땅을 차지하려는 욕심 때문에 생기기도 하고. 석유 같은 자원을 얻을 목적으로 전쟁을 일으키기도 하지. 문화가 다른 민족끼리 갈등하다 전쟁이 일어

나기도 해. 이런 여러 가지 원인이 있지만 잘 살펴보면 결국은 사람들의 탐욕과 이기심 때문이라는 걸 알 수 있어.

그런데 전쟁은 나라와 나라 사이에서만 일어날까? 그렇지 않아. 나라와 나라 사이에 일어나기도 하고, 여러 나라가 편을 갈라 일어나기도 해. 그리고 한 나라 안에서 생각이 다른 사람끼리 전쟁을 하는 경우도 있어. 이를 '내전'이라고 해.

한 나라의 사람들끼리 총부리를 겨누고 싸우다니 너무 안타까운 일이야. 그런데 오늘날에는 나라와 나라 사이에 벌어지는 전쟁보다 한 나라 안에서 일어나는 내전이 훨씬 더 많단다.

"더는 여기서 살 수 없어. 이곳을 떠나자!"

내전으로 살 곳을 잃고 자기 나라를 떠나는 사람들이 엄청나게 많아. 그들을 **난민**이라고 해. 난민들은 소중한 목숨을 지키기 위해 자신이 태어나고, 자란 곳을 떠나는 거야.

세계에 얼마나 많은 난민이 있는지 알아? 2000만 명도 넘는 난민들이 있어. 난민들은 먹고, 자고, 입는 인간 생활의 기본 요소조차 누리지 못해. 국제 협약에 따라 안전하게 보호받을 권리가 있지만, 실제는 그렇지 않은 거야. 난민 대부분은 굶주리고, 헐벗고, 잠잘 곳도 없이 하루하루 힘겨운 삶을 살고 있거든.

"배고파요. 먹을 것 좀 주세요."

난민촌의 아이들은 늘 배고픔에 시달리고 있어. 국제 사회에서 나눠 주는 식량을 받아먹는데 배고픔을 달래기에 충분한 양이 아니거든. 그러니 늘 영양이 부족할 수밖에 없어.

"배를 타고 잘사는 나라로 갑시다."

작은 배로 바다를 건너려는 난민들도 많아. 작은 배로 바다를 건너는 일은 정말 위험한 일인데…….

배가 통째로 엎어져 모두 바다에 빠져 죽을 수도 있고, 오랜 시간 배에 있다 보면 먹을 것이 없어 굶어 죽을 수도 있잖아. 그런데 왜 이렇게 위험한 모험을 하느냐고? 내전이 계속되는 곳에는 희망이 없기 때문이야.

탐욕과 이기심으로 벌어지는 전쟁! 서로 받아들이고, 타협하며 살 수는 없는 걸까?

전쟁은 슬픔과 고통을 달고 온다

무함마드는 어떻게 되었을까? 지뢰를 밟았으니 평생 장애를 안고 살아가야 할 거야. 아무 잘못도 없는 꼬마가 왜 이런 고통을 겪어야만 할까? 생각할수록 가슴 아픈 일이야.

우리나라에서 일어난 한국 전쟁에 대해 들어 봤니? 한국 전쟁은 1950년 6월 25일에 북한의 공격으로 시작되었어. 남한과 북한이 싸운 전쟁으로, 약 3년 동안이나 계속되었어. 한국 전쟁으로 450만 명이 목숨을 잃었고, 수많은 아이가 부모를 잃고 고아가 되었단다. 끔찍한 전쟁이었던 거야.

도대체 왜 같은 민족끼리 전쟁을 벌였을까? 미국과 소련 같은 강대국들 때문이라 할 수도 있어. 일본이 우리나라를 강제로 점령하고 자기들 맘대로 지배하던 '일제 강점기'가 막을 내렸을 때, 우리 민족은 하나의 독립된 국가를 세우고자 했어.

"통일 민족 국가를 건설합시다!"

김구 선생님처럼 통일 민족 국가를 세우기 위한 지도자들이 큰 목소리를 냈지. 그런데 한반도에 미국과 소련의 군대가 들어오면서 상황이 달라졌어. 두 나라는 서로 정치 이념이 달랐어. 또 그들은 우리 민족이 통일 국가를 이루는 것에는 아무런 관심이 없었어. 오로지 자신들의 이익을 위해 권력을 잡으려고 했을 뿐이야.

결국 우리나라가 1945년 8월 15일 해방을 맞이한 지 3년 만에 북한과 남한에 각각의 정부가 세워졌단다.

"민주주의는 옳지 않아!"

"아니, 공산주의는 옳지 않아!"

남한은 미국과 같은 민주주의 나라가 되었고, 북한은 소련과 같은 공산주의 나라가 되었지. 그러면서 두 나라에 갈등이 생기기 시작했고 결국 전쟁이 일어나고 만 거야.

"그래서 이산가족이 생긴 거죠?"

맞아. 한국 전쟁으로 남한과 북한은 서로 너무 큰 피해를 입었어. 수많은 사람이 죽었을 뿐 아니라 가족이 남과 북으로 뿔뿔이 흩어진 이산가족도 생긴 거야. 그 당시엔 1000만 명도 넘는 이산가족이 생겼다고 해.

"엄마가 너무 보고 싶어."

이산가족은 지금도 부모나 형제를 그리워하며 살아가고 있단다. 전쟁은 모두에게 아픔일 뿐인데…….

전쟁은 사람뿐 아니라 환경도 망가뜨려.

"저 산에 적이 숨어 있을지 모른다. 폭탄을 투하하라!"

푸른 산에 폭탄을 떨어뜨리기도 해. 그럼 산에 있는 나무는 불에 타고, 그곳에 살던 동물들도 대부분 죽게 되지. 땅은 또 얼마나 황

폐해지겠어. 세상에, 적국의 환경을 파괴할 목적으로 일부러 폭탄을 떨어뜨리기도 한단다.

"석유 시설을 폭격하라!"

아, 이를 어쩌니? 석유 시설을 폭격하면 그곳에 있던 기름이 새어 나와 주변이 온통 기름투성이가 될 텐데. 바다에 떠 있는 유조선을 폭격해도 마찬가지일 거야. 바다도 기름투성이가 되겠지.

"건물을 폭파하라!"

오래된 건물에 일부러 폭탄을 떨어뜨리기도 해. 그럼 소중한 문화 유산이 산산이 부서져 쓰레기가 된단다. 모든 것을 파괴하는 전쟁! 그래서 전쟁이 일어나는 곳엔 전쟁 쓰레기가 넘쳐나. 여기저기 뒹구는 부서진 건물 잔해, 망가진 무기들이 잔뜩 쌓이지…….

전쟁이 끝나면 눈에 보이는 전쟁 쓰레기는 치울 수 있어. 하지만 눈에 보이지 않는 전쟁 쓰레기는 어떻게 하지? 땅에 묻어 놓은 **지뢰**가 무지무지 많을 텐데.

오랫동안 내전을 치른 나라에는 땅속에 묻혀 있는 지뢰가 정말 많아. 캄보디아에는 지뢰가 약 1000만 개나 있어. 아프가니스탄에도 1000만 개의 지뢰가 묻혀 있고. 우리나라 휴전선 부근에도 얼마나 많은 지뢰가 묻혀 있는지 몰라.

누군가 모르고 지뢰가 있는 곳에 들어가면 어떻게 되겠어? 목

숨을 잃을 수도 있고 평생 장애인으로 살 수도 있어. 사람뿐 아니라 동물이 밟더라도 마찬가지야.

"군인이 지뢰를 밟아 큰 부상을 입었습니다."

우리나라 군인이 지뢰 사고를 당한 걸 뉴스로 본 적이 있지? 그런 뉴스를 보면 정말 마음이 아파. 더 이상 지뢰 사고가 일어나지 않았으면 좋겠어.

현재 70여 개 나라가 지뢰 문제로 고통을 받고 있어. 그런데 지뢰가 어디에 얼마나 묻혀 있는지 들어가 확인할 수 없으니 어쩌면 좋으니?

"지뢰가 어디에 있는지 어떻게 알지?"

땅속에 꽁꽁 숨어 있는 지뢰를 찾아 없애는 일은 무척 어려워. 그래서 첨단 장비를 이용해도 노력한 만큼의 성과를 내지 못하고 있는 게 사실이야. 플라스틱으로 만들어진 지뢰는 금속 탐지기로도 탐지할 수 없거든.

"조심 또 조심해야 해!"

지뢰를 제거하려다 상처를 입을 수도 있으니 조심해야 하는 거야. 지뢰는 사람이 밟으면 쾅 터져 버리거든. 찾은 지뢰를 제거하다가 다칠 수도 있어.

세계 여러 나라에 1억 1000개가 넘는 지뢰가 묻혀 있다고 해. 지뢰가 이렇게 많으니 지뢰를 밟고 죽거나 치명적인 상처를 입는 사람도 많을 수밖에 없어. 하루에 수십 명이 지뢰 때문에 목숨을 잃고 있거든.

"으으 무서워요."

지뢰는 정말 무서워. 그런데 이 무서운 지뢰를 제거하려면 비용이 만만치 않고 생명도 위험하니 정말 큰일이야. 지뢰를 안전하게 제거할 좋은 방법 없을까?

지뢰를 폭발시키는 '마인카폰'

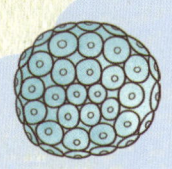

　지뢰가 많은 아프가니스탄에서 태어난 마수드 하사니는 네덜란드의 디자이너야. 하사니는 자신이 나고 자란 아프카니스탄의 지뢰 피해를 줄이고 싶었어. 아이들이 뛰어놀다 지뢰 사고로 다리를 잃는 일을 종종 봤거든.
　정부에서 앞장서 지뢰를 제거해 주면 좋겠지만, 아프가니스탄은 가난한 나라라서 지뢰를 제거할 돈이 없어. 보통 지뢰 한 개를

제거하는데 약 100만 원 정도 들거든.

"돈을 적게 들이면서 지뢰를 없앨 수 있는 방법을 찾아야 해."

마수드 하사니가 궁리궁리하다가 획기적인 아이디어를 생각해 냈어. 바로 굴러다니며 지뢰를 폭발시키는 '마인카폰'을 발명해 낸 거야.

마인카폰은 기다란 막대기를 수십 개 꽂은 둥근 모양이야. 커다란 공처럼 생겼지. 마인카폰은 바람의 힘으로 이러저리 굴러다니면서 땅에 압력을 가해. 마인카폰이 지뢰가 묻혀 있는 곳에 가면 어떻게 되겠어?

쾅!

마인카폰에 의해 눌린 지뢰가 터지는 거야.

마인카폰을 이용하면 사람이 직접 찾아다니지 않아도 되니까 피해가 그만큼 줄어들겠지? 또 마인카폰은 나무로 만들 수 있어서 만드는 데 큰돈이 들지 않아. 대량으로 만들 경우 단돈 60달러면 만들 수 있거든. 우리 돈으로 약 7만 원! 마인카폰이 많이 만들어지면 지뢰 피해는 그만큼 줄어들 거야.

ⓒ마인카폰

아포포 주머니쥐 특공대

"지뢰 찾는 임무를 수행하라!"

용감한 군인한테 명령을 내리는 게 아니야. 작고 귀여운 주머니쥐에게 명령을 내린 거야. 주머니쥐가 이 명령을 완수할 수 있을까? 아포포 주머니쥐 특공대라면 100% 임무 완수!

"쥐가 어떻게 지뢰를 찾아요?"

쥐를 훈련시키면 가능해. 어떻게 훈련을 시키냐고?

주머니쥐는 태어난 지 4주가 되면 사람과 친해지는 훈련과 지뢰에 들어 있는 화약 냄새를 탐지하는 훈련을 받아. 화약 냄새 탐지 훈련이 끝나면 흙 속에 화약을 묻어 놓고 찾아내는 훈련을 시키지. 주머니쥐가 화약을 찾아내면 상으로 맛있는 바나나를 주면서 말이야.

주머니쥐는 후각이 발달해서 냄새를 잘 맡거든. 거기다가 성실하기까지 해.

"너를 특공대원으로 임명한다!"

모든 훈련을 마친 주머니쥐들은 **특공대**로 불리며 지뢰가 많이 묻혀 있는 곳으로 파견된단다. 아프리카 대륙에 있는 탄자니아, 모잠비크, 아

ⓒ 아포포 주머니쥐 특공대

시아에 있는 캄보디아 같은 나라지.
"여기서 화약 냄새가 나! 하나 찾았으니 맛있는 바나나를 주겠지? 신난다!"
주머니쥐는 먹이를 먹으려고 화약이 들어 있는 지뢰를 찾는 거야. 한 마리의 주머니쥐가 하루에 지뢰를 9개나 찾을 수 있어.
"주머니쥐는 지뢰를 밟아도 괜찮아요?"
걱정하지 마. 주머니쥐는 가벼워서 지뢰 위에 올라서도 아무 일도 일어나지 않아. 지금까지

주머니쥐는 안 죽어요?

걱정 마. 주머니쥐는 가벼워서 지뢰가 터지지 않아.

단 한 마리도 지뢰 피해를 당하지
않았어. 그래서 주머니쥐를 특공대로
활용할 수 있는 거야. 주머니쥐 특공대가
많아져서 지뢰를 빨리빨리 찾아내면 좋겠다.
"주머니쥐 특공대, 진짜 고마워!"

지뢰 제거 '마인카폰 드론'

드론 알지? 드론은 모양도 종류도 여러 가지야. 드론은 조종사가 타지 않고 무선 조종이 가능해서 위험한 일을 대신하기도 해. 지뢰 제거에도 드론을 이용할 수 있지.

드론이 지뢰를 어떻게 제거하냐고? 드론은 3단계에 걸쳐 임무를 수행해.

먼저 드론이 지뢰가 있는 지역을 비행하면서 금속 탐지기와 지뢰 탐지기로 지뢰의 정확한 위치를 찾아. 그런 다음 지뢰 지도를 만들지. 다음 단계에서는 드론에 달려 있던 탐지기를 떼어 내고 로봇 팔을 달아. 로봇 팔을 단 드론은 지뢰 지도를 보고 지뢰가 있는 곳으로 가. 마지막으로 지뢰 위에 작은 폭발물을 떨어뜨려.

쾅! 지뢰 하나 제거.

지뢰가 폭발해도 드론은 말짱해. 지뢰와 조금 떨어진 위쪽에서 폭발물을 놓고 재빨리 날아가니까.

지뢰 제거 드론의 이름은 **마인카폰 드론**이야. 아까 굴러다니며 지뢰를 폭발시키는 마인카폰을 발명한 마수드 하사니 기억나지? 하사니가 이 드론도 발명했단다.

"지뢰의 공포에서 벗어나야 해!"

마수드 하사니는 늘 이런 생각을 하거든.

마인카폰 드론이 많이 만들어져서 땅 속에 있는 지뢰가 모두 제거되면 얼마나 좋을까? 사람이나 동물도 위험에서 벗어날 수 있고, 지구 환경도 지킬 수 있을 텐데…….

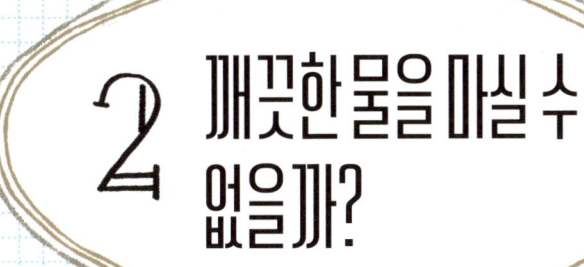

2 깨끗한 물을 마실 수 없을까?

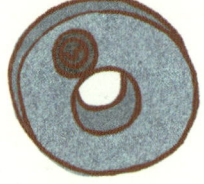

> **물은 꼭 필요해**

만물의 근원은 물이다!

이 말은 '세상에 존재하는 모든 것의 바탕은 물!'이라는 뜻이야. 고대 그리스 시대에 살던 탈레스가 이런 멋진 말을 했어. 탈레스는 세상 만물에 대해 깊이 있게 생각할 줄 아는 철학자였거든.

'세상에 있는 모든 것은 하나의 근원에서 출발했을 텐데……. 그게 무엇일까?'

탈레스는 이런 생각을 가지고 세상을 관찰하기 시작했어.

사람은 동물이나 식물을 먹고 산다.
동물과 식물은 물이 있어야 살 수 있다.
물이 없으면 동물이나 식물이 모두 말라 죽을 것이다.
그럼 사람도 살 수 없다.
결국, 물이 없으면 세상 모든 만물이 사라질 것이다.

탈레스는 세상을 유심히 관찰한 끝에 만물의 근원은 물이라는 결론에 도달한 거야. 탈레스의 생각처럼 물은 생명을 이어 주는 기본 바탕이야. 모든 생명은 물 없이 살 수 없잖아. 눈곱만한 씨앗도 물이 있어야 싹을 틔울 수 있고, 들판의 푸릇한 풀이나, 높게 자란

나무도 뿌리로 물을 빨아올려야 살 수 있잖아. 크든 작든 모든 동물도 물을 먹어야 살 수 있는 거야. 사람도 마찬가지야.

사람은 물을 먹지 않고 얼마나 살 수 있을까? 며칠도 살기 어려워. 밥을 먹지 않고는 3~4주나 살 수 있는데 말이야. 그만큼 우리 몸에는 물이 필요한 거야. 사실 우리 몸의 70% 정도는 물이 차지하고 있어. 피에도 물이 있고, 살에도 물이 있고, 뼛속에도 물이 있지. 오줌도 물, 땀도 물, 눈물도 물!

사람뿐 아니라 나무나 풀 같은 식물, 온갖 동물도 대부분 물로 이루어져 있어. 그러니까 생명체를 이루는 기본 물질이 물인 거야.

그런데 사람은 하루에 물을 얼마나 먹어야 할까? 사람마다 체격이 다르고, 활동량도 달라서 필요로 하는 물의 양도 달라. 성인이라면 2ℓ 정도의 물을 마시는 것이 좋아. 더 정확히 알고 싶으면 몸무게에 0.03을 곱해서 나오는 값만큼 먹으면 돼. 초등학교 3학년이나 4학년이면 몸무게가 35~40kg 정도가 평균이야. 몸무게가 40kg이라면 40×0.03=1.2니까 1.2ℓ가 하루에 먹어야 할 물의 양이야. 오염되지 않은 깨끗한 물을 충분히 먹어야 건강하게 살 수 있으니 목마를 땐 참지 말고 물을 꼭 마셔야 해. 물이 체온 조절도 해 주고, 소화도 도와주고, 노폐물도 운반해 주고, 피가 온몸에 돌 수 있게 해 주거든. 똥도 잘 누게 해 주지.

물은 농업이나 공업 등 산업 활동을 하는 데에도 꼭 필요해. 그러니 물이 얼마나 소중한 거야.

이렇게 소중한 물은 세상 어디에나 있어. 공기 중에도 있고, 높은 하늘에도 있고, 땅에도 있고, 땅속에도 있지. 더운 지역에도 있고, 추운 지역에도 있어. 사람 몸의 많은 부분이 물로 되어 있는 것처럼 지구 표면의 많은 부분에도 물이 채워져 있어. 육지보다 바다가 훨씬 넓잖아.

지구에 물이 이렇게 많으니 물 걱정은 없을 것 같지? 그렇지 않아. 지구에 있는 물의 대부분이 바닷물이거든. 소금이 녹아 있는 바닷물은 우리가 먹을 수 없어. 건강에 해롭거든. 빙하나 만년설 같은 얼음도 먹고 살기 어렵지. 우리가 마실 수 있는 물은 지구에 있는 물 중에 고작 1% 정도야.

우리가 먹는 물은 언제 생겨난 것일까? 45억 년도 넘을 거야. 지구가 약 46억 년 전에 생겼고, 지구가 생겨나고 나서야 물이 생겼으니까. 그때 생겨난 물이 돌고 돌아 지금까지 있는 거야.

물이 어떻게 돌고 도냐고? 지금부터 설명해 줄게.

➪ 연못, 냇가, 호수, 바다, 강 등 육지나 바다에 있는 물이 햇빛을 받으면 일부는 수증기가 되어 하늘로 올라가 구름이 돼.

➪ 구름 속의 물방울이 모여서 무거워지면 비나 눈이 되어 다

시 땅으로 내리지.

⇨ 빗물은 땅속으로 스며들기도 하고, 냇가나 강으로 흘러들기도 해. 그리고 강물은 바다로 흘러가.

⇨ 육지나 바다에 있는 물이 햇빛을 받으면 다시 수증기가 되어 하늘로 올라가 구름이 되지.

물은 이렇게 돌고 도는데, 이것을 **물의 순환**이라고 해. 그러니까 며칠 전 네가 맞았던 비가 백악기 때 공룡이 호수에서 꿀꺽꿀꺽 마셨던 물일 수도 있는 거야. 놀라운 사실이지?

이렇게 물이 순환하기 때문에 지구에 수많은 생명체가 존재하는 거야. 물이 지구 생태계를 지켜 주고, 생명체가 살기에 적당한 환경을 만들어 주거든. 만약 물이 사라진다면 지구에 있는 모든 생명체가 멸종할 거야. 그뿐 아니라 지구가 불덩이처럼 뜨거워질 거야. 물은 지구의 열을 흡수하는 역할도 하거든. 그러니 물이 없으면 뜨거워질 수밖에. 그런데 소중한 물이 지금 위기에 놓여 있단다.

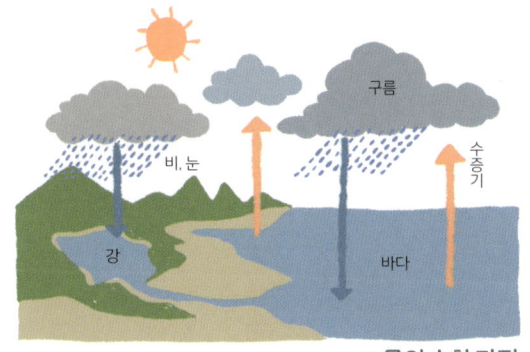

◎ 물의 순환 과정

물이 위험하다고?

'강물의 오염으로 물고기들이 떼죽음 당했다!'

이런 뉴스가 나올 때 TV 화면에 죽은 물고기들이 아무렇게나 나뒹굴고 있을 거야. 그럼 저절로 얼굴이 일그러지고 기분이 나빠질 테지. 뉴스에 나온 것처럼 물이 오염되면 물고기들이 떼죽음을 당해. 물고기뿐 아니라 물속에 사는 모든 것이 위험하고, 사람도 위험해. 사람도 오염된 물을 먹으면 건강하게 살 수 없거든.

물은 어떻게 오염될까? 물을 오염시키는 원인은 여러 가지야. 우리가 생활하면서 버리는 생활 하수도 물을 오염시키는 원인 중에 하나야. 설거지할 때 쓰는 세제나 머리를 감을 때 쓰는 샴푸, 빨래할 때 쓰는 세제에는 쉽게 분해되지 않는 화학 물질이 많이 들어 있거든. 그렇다고 샴푸나 세제를 안 쓰고 살기는 어려운데……. 우리가 집에서 버린 물이 하천이나 강을 오염시킨다니 좀 미안하다. 그러니 거품을 부글부글 내고 싶다고 마구 쓰면 곤란해.

소나 돼지를 키우면서 버려지는 축산 폐수도 물을 오염시켜. 축산 폐수는 생활 하수보다 오염의 정도가 더 심해. 공장에서 물건을 만들 때 사용하고 버리는 물도 오염원 중에 하나야. 공장에서 버려지는 물에는 나쁜 성분이 많이 들어 있어서 꼭 정화한 다음에 버려야 해. 하지만 일부 몰지각한 사람들이 오염된 물을 몰래 버리기도 한단다.

"양심을 챙기세요!"

그런 사람들에게 꼭 해 주고 싶은 말이야.

또 다른 원인으로 산성비가 있어. 산성비는 편리하게 사는 우리 때문에 생긴다고 할 수 있어. 공장이나 화력 발전소, 자동차에서 발생하는 산성 물질 때문이거든. 공기 중으로 배출된 산성 물질인 아황산가스, 질소 산화물이 대기 중에 있는 수증기와 만나면 강한 산성을 띠는 황산이나 질산으로 바뀌거든.

"히히 우린 아주 강한 산성을 가지고 있지."

강한 산성 성분이 비가 오면 빗물을 타고 땅으로 내리게 되는데 그게 바로 산성비야. 산성비가 내리면 물이 오염되기도 하거든.

또 아무 곳에나 버려진 쓰레기로 지하수가 오염되기도 해. 비가 내리면 오염 물질이 땅속으로 스며들잖아.

지하수를 먹고 사는 사람이 얼마나 많은데 지하수가 오염되면 어떡하지? 그래서 사람들은 오염된 물을 **무서운 살인자**라고 표현하기도 한단다. 오염된 물 때문에 매년 약 500만 명에 가까운 사람들이 목숨을 잃고 있으니 맞는 말 같아. 그중에 어린이가 200만 명도

넘어. 오염된 물에는 기생충도 있고, 병을 일으키는 세균도 많이 들어 있거든. 그래서 더러운 물을 마시면 병에 걸리는 거야.

"어떤 병에 걸려요?"

목숨을 위협하는 콜레라나 장티푸스에 많이 걸려. 콜레라에 걸리면 심한 설사로 탈수 현상이 생겨 생명이 위험해지고, 장티푸스에 걸리면 배가 아프고 열이 오르지. 하지만 물 오염이 심각한 아프리카에는 제대로 치료를 받을 수 있는 병원도 없단다. 그러니 많은 아이가 알리나처럼 앓다가 목숨을 잃는 거야.

오염된 물 때문에 고통받는 나라는 아프리카에 많아. 나라에 돈이 없어서 마을마다 수도를 놓을 수도 없고, 지하수를 끌어 올리지도 못하거든. 더러워진 물을 정화할 시설도 턱없이 부족해. 아프리카의 열대성 기후도 영향을 미쳐. 아프리카에는 우기와 건기가 있는데 우기에는 몇 개월 내내 비가 내리지만, 건기에는 몇 개월 동안 비가 한 방울도 내리지 않아. 그러니 건기에 물이 한 번 오염되면 깨끗해질 수가 없어. 물의 순환이 일어나지 않기 때문이야.

"너무 목말라요. 물 좀 주세요."

부모는 아이가 위험해질 것을 알면서도 어쩔 수 없이 오염된 물을 먹이기도 한단다. 가난해서 먹을 것도 부족한 아프리카 아이들이 더러운 물 때문에 죽어 가. 그들에게 희망을 줄 수는 없을까?

아프리카 아이들을 살리자!

"전 세계의 모든 아이들은 건강하게 자라야 합니다."

국제 사회는 하루에도 수천 명씩 죽어 가는 아프리카 아이들을 살리기 위해 여러 가지 노력을 하고 있어. 세계 평화와 안전을 보장하기 위해 만든 국제기구 유엔에서도 가난한 나라 사람들이 깨끗한 물을 마실 수 있도록 여러 가지 일을 하고 있어. 가난한 나라 어린이를 돕기 위해 만들어진 유니세프도 깨끗한 식수를 공급하기 위해 노력하고 있고. 우리나라의 여러 단체에서도 큰 힘을 보태고 있어.

깨끗한 물을 마실 수 있도록 마을에 우물을 파 줍시다.
더러운 물을 정화 시킬 수 있는 알약을 제공합시다.
여러 사람이 마실 수 있는 커다란 정수기를 설치해 줍시다.
아이들을 위해 학교에 정수기를 설치하는 것도 중요합니다.

이런 노력은 지금도 계속되고 있어. 그 과정에서 깜짝 놀랄 만한 발명품이 탄생하기도 한단다. 비용이 적게 들고, 쉽게 사용할 수 있는 착한 발명품이 탄생하는 거야.

깨끗한 물을 만드는 정수기 빨대 '라이프 스트로'

　평범해 보이는 둥그런 빨대는 대단한 능력을 갖추고 있어. 무슨 능력이냐고? 물을 깨끗하게 만드는 능력이야. 라이프 스트로라는 이름의 이 정수기 빨대를 사용하면 오염된 물에 섞여 있는 기생충이나 병균들을 모두 걸러 낼 수 있어. 둥그런 빨대 안에 특수 필터가 들어 있거든. 그러니 이것만 있으면 물 때문에 병에 걸리는 일은 거의 없을 거야. 생명을 지켜 주는 빨대라고 할 수 있지.

　생명을 지켜 주는 라이프 스트로는 작고 가벼워서 어디든 가지고 다닐 수 있어. 게다가 가격도 저렴하지. 25달러니 우리 돈 약 2만 5000원 정도인 셈이야. 전기도 필요 없고 1~2년에 한 번씩 필터만 바꿔 주면 되니까 사용하기도 편해.

　라이프 스트로는 국제 구호 단체를 통해 깨끗한 물을 먹기 어려운 콩고, 케냐, 나이지리아, 수단 등 아프리카에 공급되고 있단다. 오염된 물을 먹을 수밖에 없는 사람 모두에게 줄 수 있으면 참 좋겠다. 그럼 모두 건강하게 살 수 있을 텐데…….

행복한 발명, '행복 대야'

　언뜻 보면 맛있는 음식을 담아 먹는 접시처럼 생겼어. 하지만 접시가 아니야. 이 발명품은 접시보다 몇백 배는 멋진 일을 하는 **행복 대야**야. 행복 대야도 정수기 빨대처럼 더러운 물을 먹을 수밖에 없는 사람들을 위해 만들어졌어. 이 대야를 물 위에 놓고 살짝 눌러 주기만 하면 안에 깨끗한 물이 고여. 그럼 그 물을 마시면 되지.
　라이프 스트로만큼이나 간단하지? 두 물건의 작동 원리가 비슷해. 행복 대야에도 특수 필터가 들어 있어 오염된 물을 정화해 주거든.

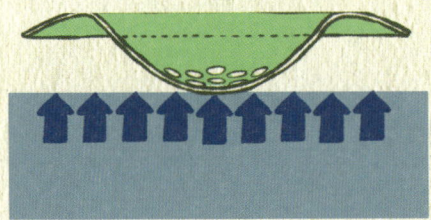

❶ 행복 대야를 물 위에 올려놔.

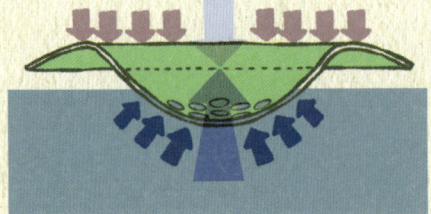

❷ 행복 대야를 살짝 눌러 줘.

❸ 깨끗한 물이 고여.

라이프 스트로와 다른 점도 있어. 행복 대야는 깨끗한 물을 길어 올 수 있다는 거야. 행복 대야가 깨끗하게 정화한 물을 퍼서 통에 담아 올 수 있거든. 물을 길으러 갈 때 머리에 쓰고 갈 수 있어서 더 좋아. 아프리카 날씨가 무척 덥거든.

참 멋진 발명품이지? 우리나라 디자이너가 이런 멋진 생각을 해냈단다. 그런데 아직 행복 대야를 본격적으로 만들어 내고 있지는 않아. 얼른 만들면 좋을 텐데. 머지않아 그런 날이 오겠지?

온도 차를 이용한 '와카워터 타워'

아프리카는 밤과 낮의 온도 차가 아주 커. 그래서 밤에 이슬이 잘 맺혀. 밤에 맺힌 이슬은 깨끗한 물이야.
"이슬로 생기는 깨끗한 물을 먹을 수 없을까?"
이런 생각으로 특별한 것이 탄생했어. 바로 **와카워터 타워**야. 와카워터 타워는 이탈리아의 건축가가 발명을 했어. 나무로 만든 커다란 구조물이야. 아프리카의 큰 일교차를 이용해 깨끗한 물을 얻을 수 있게 해 주는 기구지. 나무처럼 생긴 와카워터 타워를 만드는 데 큰돈이 드는 것도 아니야. 지하수를 파는 것보다 적은 비용으로 가능해. 만드는 데 시간도 얼마 걸리지 않아. 성인 몇 명이 3시간이면 뚝딱 만들 수 있거든. 쉽게 만들지만 오래 쓸 수 있어. 한 번 설치하면 6~10년은 쓸 수 있으니까.

와카워터 타워 하나로 하룻밤에 물을 100ℓ나 모을 수 있다고 해. 그리 크지 않은 마을이라면 마을 사람들 모두가 마실 수 있는 양이지. 이슬뿐 아니라 빗물을 모을 수도 있어서 더 좋아. 사람들이 와카워터 타워에 모인 물을 먹으면 병에 걸리지 않을 거야.

그런데 아직은 여러 곳에서 사용할 수 없어. 시범적으로 몇 곳에 설치해 놓고 연구를 계속하고 있거든. 개발이 완료되면 많은 사람

이 도움을 받을 수 있을 거야. 2019년쯤에 본격적으로 세워질 거라고 해.

물 부족이 몰고 오는 고통!

"음, 기분 좋다!"

푸른 들판이나 숲에 가면 이런 말이 저절로 나와. 반대로 나무나 풀 한 포기 자랄 수 없는 사막에 가면 어떨까? 답답하고 공기도 별로일 거야. 그런데 지구에 사막이 자꾸 늘어나고 있어. 물이 부족하기 때문이지. 이런 **사막화 현상**은 우리나라와 멀리 떨어져 있는 아프리카에서 가장 심해. 아프리카는 가뜩이나 날씨가 더워서 물이 쉽게 증발하는데 가뭄까지 계속되니 사막이 점점 넓어지고 있는 거야. 그러니 생활하기가 얼마나 어렵겠어?

"물이 없어 옥수수가 다 말라 죽었어."

물이 모자라니 농작물을 키우기가 어려워 먹을 것도 늘 부족해. 식량 부족으로 영양실조에 시달리는 아이들이 얼마나 많은지 몰라. 아프리카에선 식량뿐 아니라 먹을 물도 구하기 어렵단다. 세상에 물이 없어서 소나 염소의 오줌을 받아서 마시기도 하고, 몸을 씻기도 한대.

사막화를 막기 위한 획기적인 아이디어는 없을까?

사막화를 막는 '씨앗 폭탄'

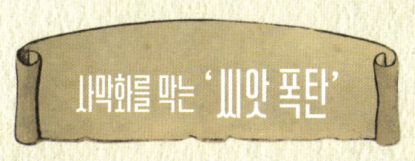 

폭탄 하면 뭐가 생각나니? 전쟁에서 적군을 죽이기 위해 비행기에서 떨어뜨리는 폭발물이 생각날 거야. 그런데 **씨앗 폭탄**은 그와 반대로 사람을 살리는 역할을 할 수 있어. 씨앗 폭탄이 사막화를 막아 줄 수 있거든.

현재 지구 면적의 약 20% 정도가 사막화되고 있어. 아프리카 여러 나라도 심하고, 우리와 가까운 중국도 심해. 중국의 사막화가 심해지면서 우리나라도 황사 피해를 많이 입을 거야.

사막화를 막기 위해서는 메마른 지역에 비행기로 씨앗 폭탄을 떨어뜨려야 해. 씨앗 폭탄 안에는 씨앗이 싹을 틔우고 성장하는 데 필요한 흙과 물이 들어 있어. 사막화가 진행되고 있는 곳에 떨어뜨리면 금세 자리를 잡고 자랄 거야. 그러면 메마른 땅도 조금씩 푸른 잎들로 뒤덮이겠지.

"포장은 어떻게 해요?"

캡슐 포장은 시간이 지나면 저절로 녹아내리는 성분으로 만드니까 걱정하지 않아도 돼.

놀라운 아이디어지? 우리나라 대학생들 형 누나들이 이런 멋진 생각을 해 냈단다.

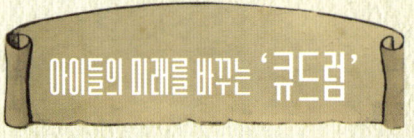 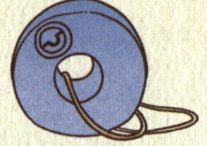

아프리카는 물이 많이 부족한 거 알지? 수도 시설은커녕 주변에 우물 같은 곳도 없어서 물을 구하기 위해 멀리까지 가야 하는 경우가 많아. 그래서 가족이 먹을 물을 길어 오는 데 시간이 오래 걸려.

"학교에 가고 싶은데……."

물을 길어 오는 데 시간이 오래 걸리니 학교에 가지 못하는 아이가 많아. 하루에도 몇 번씩 물을 길어 와야 하니까.

학교에 안 가도 되니 좋겠다고? 천만의 말씀! 너희들이 무거운 물동이를 이고 조금이라도 걸어 봤다면 그런 소리는 절대 하지 못할 거야. 물이 가득 든 물통을 머리에 이면 목이 아프고, 등에 지면 등이 엄청 아플 테니까.

"저 아이들을 도와줄 방법은 뭘까?"

남아프리카 공화국에서 태어난 한스 핸드릭스는 자기 나라의 아이들을 보면서 늘 생각했어. 그러다 동생과 함께 궁리궁리해서 데굴데굴 구르는 큐드럼을 만들었지.

"데굴데굴 구르니 힘들지 않을 거야."

그의 생각대로 큐드럼은 통 안에 물을 가득 채워도 힘을 많이 들이지 않고 끌고 갈 수 있었어. 한꺼번에 50ℓ나 되는 많은 양의 물을 담을 수도 있고. 아이들이 큐드럼을 사용해 물을 길어 오면 학교에 갈 수 있는 날이 늘어날 거야.

그런데 큐드럼이 비싼 건 아니지만, 아프리카 사람들이 사기엔 부담이 커. 가난하니까. 그래서 대부분 기부를 통해 공급되고 있어. 기부를 통해 보내진 큐드럼은 아프리카 여러 나라 사람들이 사용하고 있단다.

ⓒ큐드럼

멋지다, 형!

무겁지 않게 굴려서 옮기는 거지!

고마워요, 한스! 이제 학교에 갈 수 있어!

착한 기술 '맹그로브 멤브레인'

물이 아무리 부족해도 바닷물을 그냥 마실 수는 없어. 건강을 잃을 테니까.

"바닷물을 마실 수 있다면 물 부족 문제를 해결할 수 있을 텐데……."

우리나라 포항공대의 과학자들이 오랜 연구 끝에 바닷물에 들어 있는 염분을 제거하는 기술을 개발했어.

과학자들이 맹그로브 나무가 바닷물에서도 잘 자라는 이유를 찾아낸 다음에 그걸 모방하여 새로운 기술을 개발한 거야. 바로 **맹그로브 생체 모방 기술**이야!

일반적인 식물은 염분이 있는 곳에서 살 수 없는데 맹그로브는 바닷물에 들어 있는 염분을 여과시키며 잘 살아가거든. 그 특성을 본뜬 거야.

"그럼 이제 바닷물을 마실 수도 있어요?"

맹그로브 생체 모방 기술을 이용하면 가능한 일이지. 실험해 본 결과 96.5%의 염분이 제거되었거든. 비용도 적게 들고 만드는 과정도 간단해서 어디서나 활용할 수 있을 거야.

바닷물에서 염분을 제거하면 우리가 마실 수도 있고, 농업용수나 공업용수로도 사용이 가능할 테니 물 부족을 해결하는 데 큰 보탬이 될 거야. 앞으로 이 기술이 어떻게 활용되는지 지켜보라고.

3 지구촌 모두가 공평하게 쓸 수 있는 에너지

어느 여름날이야.
아침부터 후두둑 비가 내리기 시작하더니,
온종일 내리고

밤이 되어도
그치지 않았어.
빗줄기가 점점
굵어질 뿐이었지!

에너지 없이 살 수는 없어!

"힘이 없어 움직일 수 없어!"

사람이나 동물이나 힘이 없으면 움직이기 어려워. 여기서 말하는 힘은 에너지야. 그러니까 에너지가 모든 것을 움직이게 하는 거야. 장난감 자동차, 꿀벌, 개미, 돼지, 호랑이, 앵무새, 그리고 우리도 에너지가 있어야 움직일 수 있어.

에너지가 하는 일이 대단하지? 사실 생명이 있는 모든 것은 에너지 덕분에 살 수 있는 거야. 우리는 열에너지 덕분에 맛있는 요리를 할 수 있고, 빛 에너지 덕분에 밤에도 마음껏 활동할 수 있고, 운동 에너지 덕분에 친구랑 신나게 공놀이를 할 수 있지.

이렇게 다양한 에너지는 어디서 얻을까? 에너지를 만들어 내는 자원을 **에너지원**이라 하는데, 에너지원은 태양, 바람, 원자력, 물, 지열, 화석 연료 등 여러 가지야.

지구를 따뜻하게 비춰 주는 태양은 아주 좋은 에너지원이야. 어디에나 있고, 깨끗하니까. 하지만 아직 우리는 태양 에너지를 충분히 이용하지 못하고 있어. 바람이나 물 에너지도 깨끗한 에너지야. 그런데 바람 에너지는 바람이 불지 않으면 만들어 낼 수 없어. 물 에너지도 물이 없으면 만들어 내기 어렵지.

사람들이 언제부터 에너지를 만들어 냈을 것 같니? 아주아주 오래전이야. 약 100만 년 전이지. 원시인들이 나무를 태워 불을 피운 것이 에너지 역사의 시작이거든. 원시인들이 불을 피워 음식을 구워 먹고, 어둠을 밝혔잖아. 세월이 흐르면서 사람들은 여러 가지 에너지를 사용하게 되었어. 물이 떨어지는 힘을 이용해 물레방아를 돌리기도 하고, 동물을 이용해 밭을 갈기도 하고, 고래 기름을 이용해 불을 밝히기도 했지. 세월이 흐를수록 과학이 발달하여 더 다양한 에너지가 만들어졌어.

"전기도 사용하잖아요!"

그래. 과학의 발달로 전기 에너지가 만들어졌고, 핵 에너지도 만들어졌어.

요즘 우리가 가장 많이 쓰는 에너지는 전기야. 전기가 우리 생활 곳곳에 쓰이고 있어. 에어컨, 냉장고, 선풍기, 가스레인지, 컴퓨터, 핸드폰, 음향 기기, 세탁기, 보일러, 밥솥, 커피포트, 다리미……. 모두 전기 에너지가 필요한 것들이야. 그러니까 우리는 전기 에너지 덕분에 더운 여름을 시원하게 보낼 수 있고, 추운 겨울을 따뜻하게 보낼 수 있고, 맛있는 밥도 먹을 수 있는 거지. 전화로 친구랑 수다도 떨 수 있고, 게임도 할 수 있는 거야.

"전기 에너지야, 고마워!"

전기 에너지를 어떻게 만드는지 알아? 전기 에너지는 대부분 발전소에서 만들어. 발전소에서 석유나 석탄 같은 화석 연료를 태워 만들거든. 발전소에 있는 발전기가 화석 연료를 태울 때 나오는 열에너지를 전기 에너지로 바꿔 줘. 그러니까 전기 에너지를 만들려면 다른 에너지가 필요한 거야.

원자력 발전소에서도 우라늄을 이용해 전기 에너지를 만들어. 우라늄을 쪼개면 일부가 열로 변하는데 그 열로 전기를 만들거든.

"전기 에너지를 맘껏 쓸 수 있어서 참 좋아!"

안 돼! 사람들이 전기 에너지를 맘껏 써서 여러 가지 환경 문제가 발생하고 있거든. 전기 에너지를 만들 때 화석 연료를 주로 태우잖아. 그런데 화석 연료는 타면서 이산화탄소를 내뿜어. 전기를 맘껏 쓰면 그만큼 전기 에너지를 더 많이 만들어야 하니까 이산화탄소가 더 많이 나올 거야.

집에서 쓰는 전기뿐 아니라 자동차에서도 이산화탄소가 나와. 요즘은 자동차가 너무 많아서 문제가 더 심각해지고 있어.

이산화탄소를 줄입시다!

이런 캠페인 구호를 들어 본 적이 있지? 사실은 말이야, 이산화탄소가 많아져서 지구 환경이 위험에 빠졌거든.

지구가 위험하다!

> 바닷물이 발목을 적셔 더는
> 투발루에서 살 수 없습니다.
> 우리는 조국을 포기합니다.
> 우리 국민을 받아 주시기 바랍니다!

2001년 투발루 대통령이 국토 포기 선언을 했어.

"엄마, 다른 나라에 가서 살고 싶지 않아요."

"엄마도 그래. 하지만 떠날 수밖에 없단다."

이런 대화를 나누는 투발루 사람들은 마음이 무척 아플 거야. 조상 대대로 살아온 조국을 떠나 낯선 나라에 가서 살아야 하니까.

"왜 나라를 떠나요?"

바닷물이 불어나 투발루가 물에 잠기고 있기 때문이야. 투발루는 남태평양 폴리네시아에 있는 섬나라야. 투발루는 아홉 개의 섬으로 이루어진 나라인데 벌써 두 개의 섬이 물에 잠겼단다. 지금처럼 바닷물이 계속 불어난다면 50년 뒤에는 지구에서 투발루를 찾을 수 없을 거야. 나라 전체가 물에 잠기게 될 테니까.

왜 이런 일이 일어나는 걸까? 가장 큰 이유는 남극과 북극의 빙하가 녹아내리고 있기 때문이야. 빙하가 녹아서 바닷물이 불어나면 지대가 낮은 투발루 땅이 물에 잠기거든. 계속해서 빙하가 녹아내리면 투발루뿐 아니라 몰디브, 피지, 키리바시 같은 주변의 섬나라도 물속으로 사라지고 말 거야. 지금도 서서히 잠기고 있거든.

도대체 빙하는 왜 녹아내리는 걸까?

바로 온실가스 때문이야. 사실 온실가스는 태양열을 일부 흡수하고, 지구의 열을 밖으로 내보내기도 하면서 지구의 온도를 적절하게 조절해 주는 역할을 해.

"그럼 좋은 거네요."

그래. 좋은 거야. 지구에 온실가스가 없으면 우리는 오들오들 떨다가 죽을지도 몰라. 지금보다 33℃는 낮아질 테니까. 그런데 온실가스의 양이 너무 많아서 문제가 생기고 있어. 온실가스는 이산화탄소, 메탄, 아산화질소, 수소불화탄소, 과불화탄소 같은 기체인데

그중에 이산화탄소의 비중이 가장 높아.

"온실가스 때문에 밖으로 나갈 수가 없어!"

온실가스가 너무 많아서 지구의 복사열이 밖으로 빠져나가지 못해. 그 영향으로 지구가 더워지고 있는 거야. 이렇게 지구가 더워지는 현상을 **지구 온난화**라고 해. 지구 온난화로 남극이나 북극에 있는 빙하가 녹는 거야. 지구 온난화가 계속되면 해수면이 낮은 섬나라가 물에 잠기는 것뿐 아니라 엄청난 자연재해가 발생할 거야.

"강물이 넘치는데, 비가 그치질 않아. 어떡하면 좋지?"

갑작스럽게 쏟아지는 폭우로 홍수가 자주 발생할 거야. 돼지들이 거친 물살에 떠내려간 것도 홍수가 발생했기 때문이잖아. 그와 반대로 심한 가뭄이 계속될 수도 있어. 벌써 아프리카 여러 지역에서 가뭄이 계속되고 있잖아.

지진이나 화산 활동도 활발해지겠지. 그럼 자연환경이 심하게 망가질 뿐 아니라 수많은 사람이 목숨을 잃을 거야. 지구 온난화는 건강에도 큰 영향을 미쳐. 평균 기온이 올라가면 자연의 생태계가 바뀌고, 그로 인해 천식이나 알레르기 같은 질병이 자주 발생할 테니까. 더운 지역에서 유행하는 말라리아나 황열병 같은 전염병도 더 넓은 지역으로 퍼지겠지.

그런데 말이야, 에너지를 많이 사용하는 나라는 대부분 부자 나라야. 하지만 피해는 가난한 나라들이 더 심하게 받고 있어. 경제 발전이 뒤처진 개발 도상국 사람들은 에너지를 별로 쓰지도 않는데 피해를 보는 거야. 그런 나라엔 전기 시설이 제대로 갖춰져 있지 않잖아. 개발 도상국 인구 중 절반이 전기가 없는 곳에서 살고 있단다.

"더워도 너무 더워!"

하지만 그들에게 더위를 식혀 줄 선풍기나 에어컨이 없어. 추위를 막아 줄 보일러나 난로도 없지. 전기가 없으니 냉장고도 사용할 수 없고, 전등을 켤 수도 없고, 세탁기도 사용할 수 없는 거야.

전기 에너지 사용으로 따져볼 때 세상은 너무 불공평해. 부자 나라는 많이 사용하며 편하게 살고, 가난한 나라는 사용을 못하는데도 힘들게 사니까. 모두 적절하게 사용할 수 있으면 좋을 텐데…….

에너지 사용을 줄이는 착한 발명

"안 쓰는 전기 코드를 뽑아 놓을 거야."
아주 좋은 생각이야. 곰곰 생각해 보면 우리가 쉽게 할 수 있는 일이 참 많아.

안 쓰는 전기 코드를 뽑기, 물건 아껴 쓰기, 계단 걸어가기, 일회용품 사용 안 하기, 물 절약하기, 실내 온도 적당하게 맞추기, 가까운 거리 걸어 다니기, 대중교통 이용하기…….

에너지 사용을 줄이는 게 지구를 지키는 가장 좋은 방법일 거야. 하지만 가난한 나라는 달라.

"너무 어두워서 책을 읽을 수가 없어!"

에너지를 절약하려고 전등을 껐느냐고? 아니. 집에 전등이 없어서 낮인데도 책 읽기가 어려운 거야.

"뭐 좋은 방법 없을까?"

이런 현실을 안타깝게 여긴 사람들이 그에 맞는 기발한 제품을 만들어 냈어.

전기가 필요 없는 '페트병 전구'

전기가 필요 없는 전구라니 놀랍지? 페트병 전구는 세상에서 가장 싼 전구일 거야. 페트병만 있으면 만들 수 있으니까. 어떻게 만드냐고?

ⓒ페트병 전구

먼저 페트병을 깨끗하게 씻어. 햇빛을 잘 받는 지붕에 페트병 크기에 맞는 구멍을 뚫고 페트병에 물을 넣고 뚜껑을 꼭 닫아.

그런 다음 지붕에 뚫어 놓은 구멍에 고정하면 끝!

짜잔, 페트병의 화려한 변신!

페트병 전구의 원리는 무엇일까? 지붕 밖으로 나온 둥근 모양의 입구가 볼록 렌즈 역할을 해서 햇빛을 모아. 모인 빛은 물속에서 굴절되어 병 전체가 밝아지지. 그래서 방이 밝아지는 거야.

페트병 전구는 필리핀에서 시작되어 지금은 개발 도상국 여러 나라로 퍼져 나갔어.

집 안을 환하게 밝혀 주는 전구 덕분에 가족이 더 화목해질 거야. 조용히 앉아 책을 읽을 수도 있으니 지식과 지혜도 쑥쑥 쌓이겠지?

3. 지구촌 모두가 공평하게 쓸 수 있는 에너지

페트병 에어컨

"아휴, 너무 더워!"

여름을 너무 힘들게 보내는 사람들이 많아. 더워도 너무 더운 나라가 많거든. 열대성 기후의 나라들이 대부분 그래. 여름에는 기온이 40℃를 훌쩍 넘으니까.

ⓒ페트병 에어컨

"선풍기를 틀 수 있으면 좋을 텐데."

하지만 전기가 들어오지 않으니 선풍기가 있어도 무용지물이야. 그러니 얼마나 힘들겠어.

방글라데시도 그런 나라 중에 하나야. 그런데 방글라데시 사람들은 특별한 에어컨을 만들어 조금은 시원하게 여름을 보낸단다. 바로 페트병으로 만든 페트병 에어컨이야.

네모난 판에 구멍을 뚫고 구멍에 페트병 주둥이를 꽂으면 완성! 정말 쉽지. 창문에 달면 실내 온도를 크게 낮출 수 있대. 진짜 놀라운 일이야.

원리는 간단해. 뜨거운 바깥 공기가 페트병의 넓은 곳에 들어가 좁은 주둥이에서 압축되었다 다시 팽창하면서 기온이 낮아지거든.

우리가 뜨거운 것을 먹을 때 호호 불어서 식혀 먹는 것과 같은 원리라고 보면 돼!

물론 '문을 열어 놓는 것이 낫다', '과학적으로 효과가 없다'는 의견들도 있어. 우리나라에서는 그럴 수 있어. 선풍기나 에어컨을 마음껏 쓸 수 있으니까. 하지만 전기 시설이 온전하지 않은 나라에서는 가뭄의 단비 같은 발명품이 아닐까?

따뜻한 발명 '지세이버'

"너무 추워서 잠을 잘 수 없어요."

몽골의 겨울은 아주 길고 추워. 일 년에 여덟 달이 겨울이거든. 기온은 또 얼마나 낮다고. 추울 때는 영하 40℃까지 내려가거든. 그러니 얼마나 춥겠어.

전통 가옥 게르(ger)에서 생활하는 사람들은 난방비가 너무 비싸서 난로를 맘껏 피우지도 못해. 생활비의 절반을 난방비로 쓰는데도 말이야. 그래서 겨우내 추위와 싸우지. 난로를 피울 때 나오는 매연 역시 몽골의 골칫거리야. 어떻게 하면 몽골 사람들이 추운 겨울을 잘 보낼 수 있을까?

"이걸 사용하면 난방비를 훨씬 절약할 수 있고, 매연도 덜 나올 거예요."

우리나라 김만갑 교수가 몽골 사람들에게 최고의 선물을 만들어 주었어. 그것은 바로 **지세이버**! 난로 위에 설치하는 기구인데, 지세이버를 설치하면 열효율이 높아질 뿐 아니라 연료비도 확 줄일 수 있어. 그뿐 아니라 매연도 줄여 준단다. 지세이버는 대한민국 적정 기술 1호 제품이야.

가난한 몽골 사람들은 이제 지세이버 덕분에 예전보다 훨씬 따뜻하게 겨울을 보낼 수 있을 거야.

싱싱한 채소가 좋아 '항아리 냉장고'

"토마토가 너무 빨리 시들어 내다 팔 수가 없어."
더운 나라에서는 날씨 때문에 토마토를 밭에서 수확해 내다 팔기도 전에 시들시들해져. 하지만 항아리 냉장고에 토마토를 넣으면 오래도록 싱싱함을 유지할 수 있어.

항아리 냉장고는 만들기도 쉬워. 먼저 큰 항아리와 작은 항아리를 준비해. 그리고 큰 항아리 안에 작은 항아리를 넣고 그 사이를 모래로 채워 줘. 그러고 나서 모래에 물을 부어 놓으면 물이 증발하면서 주변의 온도가 내려가. 그러면 큰 항아리 안에 있는 작은 항아리가 시원해지지. 그 작은 항아리에 토마토를 넣으면 시장에 가져가도 싱싱할 거야. 항아리 냉장고 밖 온도가 40도가 넘어도 작은 항아리 안의 온도는 13~22℃를 유지하거든. 만들기도 쉽고 효과도 최고지?

"토마토 사세요. 싱싱한 토마토 사세요."
농부들은 토마토를 내다 팔고 생활에 필요한 것을 사 올 수 있을 거야. 항아리 냉장고는 전기 공급이 원활하지 않은 카메룬, 에티오피아, 니제르 등 아프리카 여러 나라에서 사용되고 있단다.

발로 밟는 세탁기 '기라도라'

남아메리카 서부에 있는 페루도 가난한 나라야. 전기나 수도 시설이 잘 갖춰지지 않은 곳이 많아.

"빨래가 너무 많아. 오래 걸리겠어."

ⓒ기라도라

페루 여인들은 빨래하느라 오랜 시간을 소비해. 전기가 잘 들어오지 않으니 세탁기를 사용하기 어려워 일일이 손으로 빨아야 하니까. 그 모습을 보고 알렉스 카부녹과 유지아가 특별한 제품을 개발했어. 전기가 필요 없는 세탁기 **기라도라**야. 기라도라는 통에 빨래를 넣고 통 위에 앉아서 페달을 밟으면 빨래가 된단다. 우리가 쓰는 세탁기처럼 한꺼번에 많은 양의 빨래도 할 수 있어.

"이야, 이거 정말 좋은데!"

빨래하느라 고생하던 여인들은 이런 말이 저절로 나올 거야.

전기 에너지 없이 사용 가능한 페트병 전구, 페트병 에어컨, 항아리 냉장고, 기라도라 같은 발명품들은 결국 지구 환경을 지켜 주는 역할을 하는 거야. 온실가스를 전혀 배출하지 않으니까.

나무를 살리는 '사탕수수 숯'

"배고파요. 얼른 밥 주세요."

집에 오자마자 엄마에게 밥을 달라고 해 본 적 있지? 그럼 엄마가 전기나 가스 불을 이용해 맛있는 요리를 해 줄 거야. 이렇게 음식을 만들려면 불이 필요한데 가난한 나라는 집집마다 전기가 들어오는 것도 아니고, 가스도 없어.

"나무가 없어 요리를 못 하겠어. 얼른 나무하러 가자."

아프리카의 여러 나라에선 많은 가정이 아직 나무를 태워 요리를 해. 그러니 숲의 나무가 남아나질 않지. 땔감으로 다 잘려 나가는 바람에 현재 아

사탕수수 찌꺼기를 태워요.

풀하고 섞어서 잘 반죽해요.

프리카 숲은 90%나 파괴되었단다.

"어떡하지? 뭔가 대책이 필요해."

해결책을 찾는 과정에서 사탕수수로 숯을 만들게 되었어. 다행히 아프리카에서는 사탕수수를 많이 재배하거든.

"사탕수수는 설탕 만드는 건데."

오, 잘 아는데. 사탕수수를 베어다 바로 숯을 만드는 게 아니야. 먼저 설탕이나 주스를 추출하고 남은 찌꺼기로 숯을 만들어.

사탕수수 숯으로 요리해 먹으면 숲의 나무를 잘라 오지 않아도 되니 다행이야. 사탕수수 숯이 아프리카의 환경을 지켜 주는 역할을 하는 거야.

태양을 이용한 '쉐플러 조리기'

"따뜻한 햇빛을 모아 요리를 하자!"

볼프강 쉐플러가 태양열을 모아 조리할 수 있는 쉐플러 조리기를 만들었어. 전기도 필요 없고, 나무도 필요 없고, 태양만 있으면 가능한 조리 기구지. 효율을 높이기 위해 태양을 따라 자동으로 움직이도록 만들었어.

그런데 말이야, 새로운 것을 만들면 다른 사람이 만들지 못하도록 특허를 내잖아. 쉐플러는 자신이 만든 쉐플러 조리기에 특허를 내지 않았어. 누구라도 만들어 쓸 수 있도록 한 거야.

"따라 해도 괜찮아. 많이 만들면 많은 사람이 혜택을 받을 수 있으니 좋은 일이야."

이런 멋진 생각을 하는 쉐플러 덕분에 일반 가정뿐 아니라 병원이나 학교, 공장 같은 시설에서도 쉐플러 조리기를 사용하고 있단다. 지금은 20여 개 나라에서 쉐플러 조리기를 쓰고 있어.

"쉐플러 님, 감사합니다!"

나무가 말을 할 수 있다면 감사 인사를 하고 또 하지 않을까?

이처럼 생활 수준이 낮은 지역이나 소외된 사람들을 위해 그 지역에 환경에 맞춰 만들어 내는 기술을 적정 기술이라고 해.

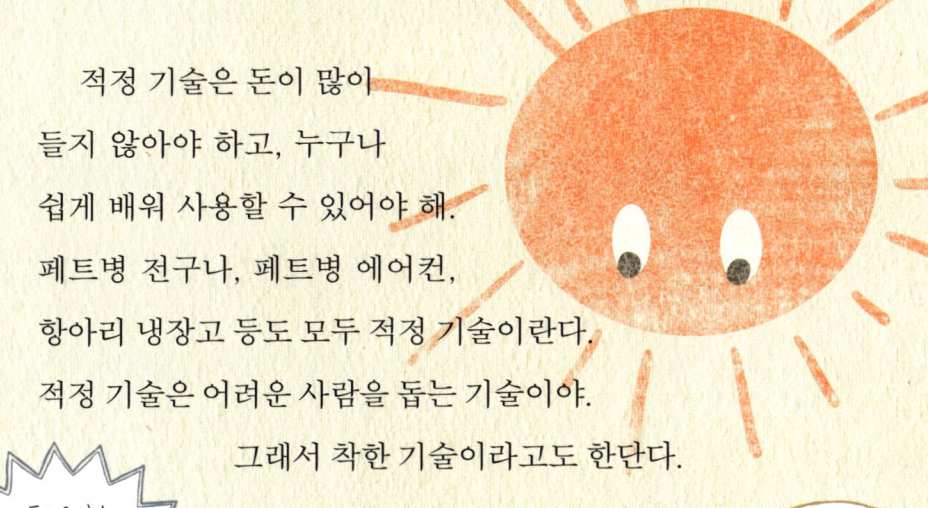

적정 기술은 돈이 많이 들지 않아야 하고, 누구나 쉽게 배워 사용할 수 있어야 해. 페트병 전구나, 페트병 에어컨, 항아리 냉장고 등도 모두 적정 기술이란다. 적정 기술은 어려운 사람을 돕는 기술이야. 그래서 착한 기술이라고도 한단다.

필요한 사람은 누구든 따라 해도 돼~

적정 기술은 돈이 많이 들지 않고 누구나 쉽게 알 수 있어야 해.

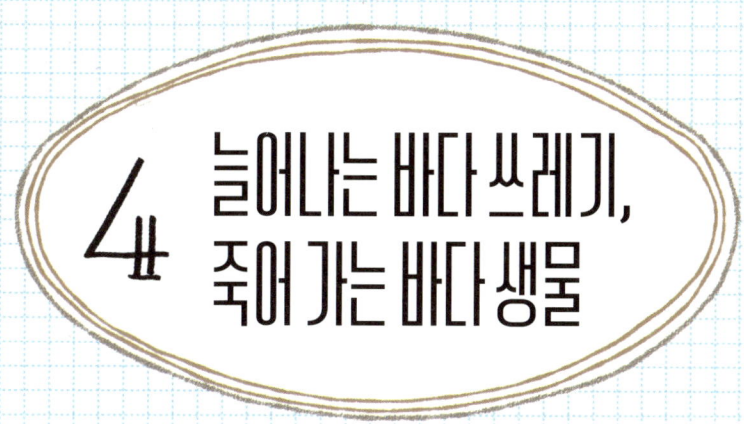

4부 늘어나는 바다 쓰레기, 죽어 가는 바다 생물

장수거북은 장수할 수 있을까?

캄캄한 밤이 되자 장수거북 한 마리가 해안가로 올라왔어.

"여기에 알을 낳을 거야!"

장수거북은 앞발로 구덩이를 깊게 파고는

탁구공만 한 알을 낳았어. 103개나 낳았지.

"오래오래 살아라!"

그러고 나서 알이 잘 부화할 수 있도록 구덩이를 모래로 덮어 놓았어.

4. 늘어나는 바다 쓰레기, 죽어가는 바다 생물

철썩철썩 파도치는 바다가 궁금해

가족과 함께 바다로 여행 간 적 있지? 차르르 밀려오는 파도를 피해 오다다 도망치기도, 쪼르르 달아나는 파도를 종종종 쫓아가기도 했을 거야. 모래사장에서 모래 놀이도 했을 테고. 그때 기분이 어땠어? 좋았다고? 그래. 맑고 투명한 바다가 네 마음을 상쾌하게 해 줬을 테니 좋을밖에.

그런데 바다에 대해 얼마나 알고 있니?

바다는 지구 표면의 약 70%를 차지하고 있어. 바다가 땅보다 약 2배 정도 넓은 거지. 바다가 하는 일은 여러 가지야. 따뜻한 곳의 물을 차가운 곳으로 옮기며 기후를 조절하고, 지구 온난화의 주범인 이산화탄소를 줄여 주는 역할도 해. 그런데 이보다 더 중요한 것은 바다가 수많은 생명을 품고 있다는 거야.

고래, 상어, 펭귄, 꽁치, 새우, 거북이, 해파리, 문어, 가오리, 참치, 물개, 따개비, 갯지렁이……. 얼마나 많은 생물이 바다에 살고 있는지 몰라. 220만 종도 넘는 생물이 바다에 살고 있거든. 그래서 바다를 '생명의 어머니'라고 말하기도 해.

사실 말이야, 지금 우리가 살 수 있는 것도 바다가 있기 때문이야. 무슨 얘기냐고? 바다가 없었으면 지구에 생명체가 나타날 수 없었을 거야.

꼬물꼬물 너무 작아서 맨눈으로 볼 수 없는 박테리아가 바다에서 생겨났거든. 지구 최초의 생명체지. 약 35억 년 전의 일이야. 바다에서 탄생한 최초의 생명체 박테리아가 진화하면서 다양한 생물이 생겨났고, 진화하고 또 진화하고 수많은 진화를 거쳐 인간이 지구에 나타나게 된 거야. 바다에서 시작된 생명이 지금 우리를 있게 한 거지.

바다 생물은 바닷물의 온도와 깊이에 따라 사는 종류가 조금 달라. 햇빛이 잘 드는 얕은 바다에 가장 많은 생물이 살아. 플랑크톤도 많고, 먹이가 풍부하니까. 우리가 즐겨 먹는 고등어, 갈치, 참치, 꽁치, 오징어 등은 대부분 얕은 바다에 사는 동물이야.

햇빛이 들지 않는 깊은 바다는 캄캄하고 차가워. 그러니 먹이도 별로 없지.

"살기가 너무 어려워."

바다 동물이 살아가기에 좋은 환경은 아니야. 하지만 이런 곳에서도 제 나름의 방법으로 살아가는 동물들이 있어. 심해아귀, 도끼고기, 심해넙치, 세발치, 블롭피쉬, 독사물고기……. 심해에 사는 물고기 중에는 눈이 퇴화한 것들도 있어. 눈을 뜨고 있어도 볼 수 없으니 눈이 퇴화된 거지. 특이하지? 그런데 심해아귀 같은 물고기는 몸에 빛이 나는 발광기가 달려 있어. 그 발광기를 이용해 먹이를 유인해 잡아먹어. 투명해서 뱃속이 훤히 보이는 물고기도 있단다.

"으하하, 이게 뭐야?"

보기만 해도 웃음이 절로 나는 물고기도 있지.

바다는 얕은 곳이든 깊은 곳이든, 추운 곳이든 따뜻한 곳이든 어디에나 생물이 사는 거야. 환경에 따라 사는 종류가 다를 뿐 어디에나 바글바글하지!

바다 생물은 서로 먹고 먹히며 살아가. 꼬물꼬물 아주 작은 플랑크톤은 작은 물고기의 먹이가 되고, 작은 물고기는 큰 물고기의 먹이가 되고, 큰 물고기는 더 큰 물고기의 먹이가 되거든. 사람들은 작은 멸치부터 커다란 다랑어까지 다 먹지.

바다 생물 중에는 산호초처럼 한곳에 사는 것도 있지만, 고래, 거북, 상어, 바다표범, 다랑어처럼 넓은 바다를 오가며 사는 생물도 많아. 넓고 넓은 바다가 하나로 연결되어 있거든.

그런데 바다 생물이 바다 때문에 고통받는 일이 일어나고 있어. 도대체 바다에서 무슨 일이 벌어지고 있는 걸까?

시름시름 병들어 가는 바다

"바다가 이렇게 넓은데 쓰레기 좀 버린다고 무슨 일이 일어나겠어?"

이렇게 생각하는 사람들이 바다에 쓰레기를 버리기 시작했어. 쓸모없어진 것들을 풍덩 던져 버리고, 오염된 물을 마구 흘려보내고, 기름을 질질 새어 나오게 하고, 물건이 철썩 떨어지고…….

장난감, 찌그러진 깡통, 물병, 운동화, 기름통, 비닐봉지, 칫솔, 가방, 볼펜, 쓰레기통, 인형, 옷, 그릇……. 바다에 버려지는 쓰레기 종류는 너무 많아서 다 적을 수도 없어. 우리가 사용하는 모든 것이 바다 쓰레기가 되고 있거든. 세상에 위험한 핵폐기물을 바다에 버리기도 한단다.

도대체 누가 버리느냐고? 고기 잡는 어부가 바다에 나갔다가 망가진 그물을 버리기도 하고, 공장에서 오염된 물을 마구 흘려보내기도 하지. 쓰레기 처리 비용을 줄이기 위해 계획적으로 버리는 사람도 있고. 항해하는 선박이 암초에 부딪히거나 큰 사고가 나면 배에 있던 것들이 쓰레기가 되기도 해. 기름이 새어 나와 바다가 기름 투성이가 되기도 하지.

2007년 우리나라 태안반도에서도 배에서 기름이 쏟아져 나온 일이 있었어. 1만 4000t이 넘는 기름이 새어 나와 맑고 깨끗한 바다가 시커먼 기름으로 뒤덮였지. 그때 수많은 사람이 바다를 살리기 위해 팔을 걷고 나섰어. 배를 가지고 나가 물에 둥둥 떠다니는 기름을 걷어 내고, 자갈이나 바위에 묻어 있는 기름을 닦아 내고, 오염된 모래를 파내었어. 이런 노력에도 바닷속 많은 생물이 목숨을 잃었어. 갯벌에서 살던 꼬마게도 죽고, 뿔논병아리도 온몸에 기름을 뒤집어쓰고 죽고, 물고기도 숨을 쉴 수 없어 죽고…….

그런데 바다와 멀리 떨어져 사는 사람도 바다 쓰레기를 만들어 낸다는 거 알아?

"들고 다니기 귀찮아. 그냥 버려야지!"

과자를 다 먹고 나면 빈 봉지가 남지. 그 봉지를 들고 다니기 귀찮다고 길가에 휙 던져 버리면 안 돼. 비가 오면 쓰레기가 빗물에 쓸려 하수구로 들어가고, 하수구에서 강으로 흘러가고, 강에서 바다로 흘러갈 수 있거든. 그럼 육지에 버린 쓰레기가 바다 쓰레기가 되는 거야. 바다 쓰레기 중에 무려 80%가 육지에서 버린 쓰레기야.

"흔들흔들 지진이다!"

바다에서 지진이 나면 쓰나미가 일어. 그럼 한꺼번에 엄청나게 많은 쓰레기가 바다로 흘러들지. 2011년 일본 후쿠시마에서 지진으로 인한 쓰나미가 발생했어. 집, 자동차, 가전제품 등 온갖 생활용품들이 모두 바다 쓰레기가 되었어. 그때 생긴 쓰레기는 지금도 바다를 떠돌고 있단다.

한 해 동안 바다에 버려지는 쓰레기가 얼마나 될까? 우리나라에서는 매년 17만t도 넘는 바다 쓰레기가 생겨. 세계적으로는 자그마치 1000만t도 넘지. 그중에 가장 많은 것이 플라스틱이야. 플라스틱이 800만t도 넘거든. 플라스틱은 조각조각 부서지기는 해도 분해되지 않아. 그렇다면 이렇게 많은 쓰레기는 어디로 갈까?

바닷물이 흐르는 것을 해류라고 해. 바다 쓰레기도 해류를 따라 흘러서

일정한 곳에 모여. 쓰레기가 모이고 모이면 어떻게 되겠어? 주변이 온통 쓰레기투성이인 섬이 만들어지지.

"여기도 쓰레기, 저기도 쓰레기"

바다에서 쓰레기 섬이 5개나 발견되었어. 가장 큰 쓰레기 섬은 태평양에 있는데 쓰레기가 얼마나 많은지 보트가 지나가기 어려울 정도야.

크기가 얼만 줄 알아? 한반도의 전체 면적보다 7배도 넘는 거대한 쓰레기 섬이야!

그런데 말이야, 바다 쓰레기가 모두 쓰레기 섬으로 모이는 것은 아니야. 일부는 바다 동물의 배 속에 들어가기도 해. 바다 동물이 물에 떠다니는 쓰레기를 먹이로 착각하고 먹기 때문이야.

"플라스틱 때문에 내 친구들이 죽어요. 제발 바다에 쓰레기를 버리지 마세요."

바닷새 앨버트로스는 이렇게 외치고 싶을 거야. 플라스틱을 먹고 죽는 앨버트로스가 계속 늘어나고 있거든. 바닷새가 먹은 플라스틱은 소화도 안 되고, 배설도 안 돼서 위에 쌓일 수밖에 없어. 그러니 배가 고프지 않아 먹이를 먹지 않지. 결국 굶어 죽는 거야. 한 해 동안 쓰레기를 먹고 죽는 바닷새가 100만 마리도 넘어. 고래도 마찬가지야. 해안에서 발견된 죽은 고래를 해부해 보면 배 속에서 여러 가지 쓰레기를 찾을 수 있거든. 상어도 그렇지. 거북도 비닐봉지를 해파리로 착각하고 먹었잖아. 바다 쓰레기를 먹은 동물은 시름시름 앓다가 결국은 죽을 거야. 플라스틱이나 비닐을 소화시킬 수 있는 동물은 한 마리도 없거든.

"아, 어떡하면 좋아? 그물이 내 목에 걸렸어!"

어부가 버린 그물이 물범의 목에 걸린 거야. 물범은 거추장스러운 그물을 달고 다닐 수밖에 없어.

그물에 걸린 물범은 얼마 살지 못할 거야. 사람들이 버린 쓰레기 때문에 아무 죄도 없는 바다 동물들이 죽어 가고 있어.

또 다른 문제도 있어. 바다가 오염될수록 우리의 식량도 부족해져. 물이 오염되면 물고기가 알을 낳아도 다 부화하지 못하고, 알을 낳는 물고기 수도 자꾸 줄어들 테니까. 고등어, 갈치, 멸치, 오징어, 가자미 같은 우리가 좋아하는 물고기들이 귀해지겠지.

"엄마, 고등어 먹고 싶어요!"

엄마한테 졸라도 먹기 어려울 수도 있는 거야. 생선뿐 아니라 알록달록 아름다운 산호초도 죽고, 미역이나 다시마 같은 바다 식물도 사라질지 몰라. 생일날엔 미역국을 먹어야 하는데…….

바다 쓰레기가 계속 늘어나면 바다 생태계가 파괴되는데 지금도 해변에 버려진 온갖 쓰레기가 파도에 휩쓸려 바다로 흘러들고 있어. 그러니 바다가 시름시름 병들어 갈 수밖에.

생명의 어머니였던 바다가 생명을 위협하는 무서운 괴물로 변하고 있는 거야. 괴물을 물리치고 맑고 푸른 바다를 되찾을 수 없을까?

깨끗한 바다로 되돌리고 싶어!

사람들이 늘어나면서 바다에 쓰레기가 생기기 시작했고, 산업이 발달하면서 바다 쓰레기는 더 많아졌어. 사람들이 별생각 없이 마구 버렸으니까.

"바다를 살립시다!"

바다 쓰레기로 여러 가지 문제가 생기자 바다를 지켜야 한다는 사람들이 늘어나기 시작했어. 그들은 바다 쓰레기를 줄이기 위해 캠페인도 벌이고, 해변에서 쓰레기를 줍기도 했지. 이런 일은 지금도 계속되고 있어.

우리나라 사람들도 바다 쓰레기를 줄여야 한다는 데 뜻을 같이하고 있어. 그런데 깊고 넓은 바다에 둥둥 떠다니는 쓰레기를 치우는 일은 여간 어려운 게 아니야. 사람들은 배나 보트를 타고 바다로 나가 울렁대는 파도 속에서 쓰레기를 건져 올리기도 하고, 잠수부가 바닷속에 들어가 쓰레기를 가져오기도 하지만 시간도 오래 걸리고 너무 위험한 일이지.

"육지에 환경미화원이 있다면 바다엔 청항선이 있다!"

청항선은 환경미화원이 육지 쓰레기를 치워 주듯이 바다 쓰레기를 치우고 있지. 현재 20척의 청항선이 우리 바다를 깨끗하게 만들기 위해 바삐 움직이고 있단다. 하지만 그동안 바다에 버린 쓰레기가 너무 많아서 깨끗하게 치우기엔 턱없이 부족해. 청항선뿐 아니라 우리 모두가 노력해야 깨끗한 바다가 될 거야.

ⓒ 청항선 '온바당호'

작품으로, 생활용품으로 다시 태어나는 바다 쓰레기

"유리 조각으로 무얼 만들까?"

예술가 중에 바다에서 주운 쓰레기를 가지고 멋진 작품을 만들어 내는 사람들이 있어. 유리 조각으로 목걸이 메달도 만들고, 깡통을 모아 로봇도 만들고, 인형도 만들고, 꽃병도 만들고…….

왜 바다 쓰레기로 작품을 만드는지 궁금하지? 사람들에게 바다 쓰레기의 심각성을 알리고 싶어서야. 우리나라에도 바다 쓰레기로 작품을 만드는 예술가들이 있단다. 그들은 바닷물에 떠밀려 온 쓰레기를 주워 시계, 의자, 배 같은 작품을 만들어. 사람들이 그의 작품을 보고 바다 쓰레기에 대해 더 깊이 생각해 볼 거야. 그렇지?

플라스틱 쓰레기로 만든 스케이트보드!

예술가뿐 아니라 바다 쓰레기를 이용해 물건을 만들어 파는 회사도 있어. 바다에서 수거한 플라스틱으로 운동화도 만들고, 가방도 만들어 팔지. 바다 쓰레기를 재활용하는 거야. 태울 수 있는 쓰레기를 연료로 쓰기도 해.

하지만 아직도 바다에는 쓰레기가 너무 많아. 바다 생태계를 살려야 하는데……. 좋은 방법 없을까?

바다 전용 쓰레기통 '씨빈'

"우와, 동그란 통이 쓰레기를 빨아들이고 있어!"
"어머나! 정말 신기해."

사람들은 바다에 있는 씨빈을 보고 깜짝 놀랐어. 물에 떠 있을 뿐인데 쓰레기가 저절로 통 안으로 흘러들고 있었거든. 지금까지 바다 쓰레기를 치우려면 배를 타고 하나하나 건져 올려야 했는데 씨빈은 그냥 가만히 있어도 쓰레기들이 저절로 통 안으로 들어가고 있으니 놀라는 건 당연해.

이 획기적인 발명품은 누가 만들었을까? 호주에 사는 터튼과 세글린스키가 만들었어. 이 두 사람은 친구인데 파도타기를 즐기는 서퍼였어. 그런데 바다에 나갈 때마다 물에 떠다니는 쓰레기 때문에 기분이 좋지 않았어.

"깨끗한 바다가 좋은데. 무슨 방법 없을까?"

두 서퍼는 바다 쓰레기를 치우는 방법에 대해 고민하기 시작했어. 아이디어를 모으고, 작품을 만들어 보고, 실험해 보고, 더 새로운 아이디어를 떠올리고……. 그러기를 10년. 마침내 바다 전용 쓰레기통 씨빈을 만들어 냈단다.

씨빈은 블랙홀 같아. 주변의 쓰레기와 물을 전부 빨아들이거든. 물과 쓰레기 때문에 쓰레기통이 터지겠다고? 통 안에 그물망이 있

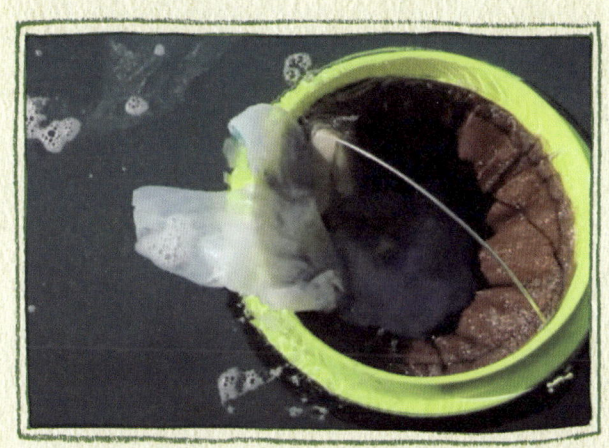

ⓒ씨빈

어서 쓰레기는 남고 물은 다시 내보내니까 괜찮아. 쓰레기가 모이면 그물망을 들어 올려 쓰레기를 꺼내면 되는 무척 간단한 구조야.

"물고기가 씨빈에 들어가면 어떡하지?"

씨빈을 보고 많은 사람이 똑같은 걱정을 했어. 하지만 걱정하지 마. 씨빈을 바다에 놓고 4년 동안 실험했는데 물고기는 한 마리도 들어가지 않았으니까.

"씨빈을 많이 만들려면 비용이 많이 들겠지? 어떻게 마련하지?"

터튼과 세글린스키는 씨빈의 제작 비용을 마련하기 위해 대중으로부터 자금을 모으는 크라우드 펀딩을 하고 있단다. 다행히 뜻을 같이하는 사람들이 많아. 참여하는 사람이 많을수록 씨빈을 더 많이 만들어 낼 수 있으니 바다가 그만큼 깨끗해질 거야. 그런데 씨빈이 바다 쓰레기를 빨아들이려면 펌프에 연결되어 있어야 해. 그러니까 펌프를 올려놓을 구조물이 필요하지. 그래서 육지와 가까운 바다에서 사용하기 알맞아. 그럼 먼 바다는 어쩌지?

바다 스스로 청소하는 '오션 클린업'

"바다가 스스로 청소한다고?"

네덜란드 보얀 슬랫의 아이디어가 세계 사람들을 깜짝 놀라게 했어.

"해류의 흐름에 따라 쓰레기가 모이는 곳에 거대한 울타리를 만들어 놓으면 울타리 안으로 쓰레기가 모일 거예요. 그럼 태양광 발전을 이용해 건져 올리면 되지요. 건져 올린 쓰레기를 재활용센터에 팔아 설치 비용을 마련하면 되고요."

그러니까 보얀 슬랫의 생각은 쓰레기가 모이는 곳에 쓰레받기를 만들어 놓아 바다 스스로 청소할 수 있게 하자는 거야.

"정말 멋진 생각이야!"

많은 과학자가 보얀 슬랫의 아이디어에 감탄했어. 과학적으로 살펴봐도 가능한 일이었거든. 이 프로젝트의 이름이 **오션 클린업**이야. 오션 클린업이 멀리 있는 바다 쓰레기까지 치워 줄 거야.

물고기들은 어떡하냐고? 울타리를 바닥까지 설치하는 게 아니라 괜찮아. 울타리 밑으로 다니면 되잖아. 길이 100km, 높이 3m 울타리를 V자형으로 만들어 설치할 테니까.

오션 클린업은 2016년 6월부터 실험 중이야. 네덜란드 해안과 23km 떨어진 곳에 100m의 울타리를 만들어 놓고 과학자와 엔지니어 등 여러 전문가가 참여해 파도의 영향이나 해류에 대해 깊이 연구하고 있어.

오션 클린업 프로젝트가 성공하면 지금보다 7900배나 빨리 바다 쓰레기를 치울 수 있어서 10년 이내에 태평양에 떠다니는 쓰레기 양을 반으로 줄일 수 있단다.

보얀 슬랫은 오션 클린업으로 유엔 환경 계획의 지구 환경 대상을 받았어. 20대 가장 유망한 기업인으로 선정되기도 했지.

지구를 위해 이런 멋진 생각을 하는 사람들이 많아지면 좋겠어. 그럼 지구촌 사람들이 지금보다 훨씬 행복하게 살 수 있을 텐데……

ⓒ오션 클린업

찾아보기

마인카폰 .026
- **이름**: 마인카폰
- **나이**: 10세(2009년 프로젝트 시작)
- **발명가**: 마수드 하사니(네덜란드)
- **금액**: 약 4~7만 원
- **장점**: 다른 지뢰 제거기에 비해 제작하기 쉽고 저렴하지.
- **단점**: 바람이 불지 않으면 사용할 수 없어.

아포포 주머니쥐 특공대 .029
- **이름**: 아포포 주머니쥐 특공대
- **나이**: 13세(2006년부터 활동 시작)
- **발명가**: 벨기에 지뢰 제거 단체 아포포
- **비용**: 주머니쥐가 좋아하는 바나나
- **장점**: 지뢰 제거 성공률이 높고, 위험하지 않아. 임무를 수행하다 죽은 쥐가 한 마리도 없어!
- **단점**: 아무리 똑똑한 주머니쥐라도 훈련하는 데 시간이 필요해.

마인카폰 드론 .032
- **이름**: 마인카폰 드론
- **나이**: 3세(2016년 프로젝트 시작)
- **발명가**: 마수드 하사니(네덜란드)
- **금액**: 기존 지뢰 제거기의 1/200
- **장점**: 안전하고 신속하게 지뢰를 제거할 수 있어.
- **단점**: 아직 시작 단계라 더 많은 실험이 필요하대.

라이프 스트로 .051

- **이름**: 라이프 스트로
- **나이**: 14세(2005년)
- **발명가**: 베스터가르트 프란젠 그룹(덴마크)
- **금액**: 약 2만 5천 원
- **장점**: 휴대하기 좋고 전력도 필요 없어 어디서나 깨끗한 물을 마실 수 있지.
- **단점**: 가난한 사람들이 직접 구매하기엔 여전히 비싼 가격이야.

행복 대야 .052
- **이름**: 행복 대야
- **나이**: 10세(2009년 서울 디자인 올림픽에서 수상)
- **발명가**: 김우식, 최덕수(대한민국)
- **금액**: 미정
- **장점**: 휴대가 간편하고 사용법도 쉬워. 물에 띄워 놓기만 하면 되지.
- **단점**: 아직 상용화가 되지는 않았어.

와카워터 타워 .055
- **이름**: 와카워터 타워
- **나이**: 5세(2014년 프로젝트 시작)
- **발명가**: 아르투로 비토리(이탈리아)
- **금액**: 약 100만 원
- **장점**: 일교차만으로 깨끗한 물을 얻을 수 있어. 물론 타워를 만드는 비용도 저렴하지.
- **단점**: 아직 준비 단계로 2019년부터 본격적으로 시작한다고 해.

씨앗 폭탄 _059

- **이름**: 씨앗 폭탄
- **나이**: 10세(2009년 서울 디자인 올림픽에서 수상)
- **발명가**: 황진우, 전유호, 한국일, 김지영
- **금액**: 미정
- **장점**: 메마른 땅을 저렴한 비용으로 숲을 만들 수 있어.
- **단점**: '사막에서 잘 자랄 수 있는 식물의 씨앗만 넣어야 하나?'라는 의문이 들어.

큐드럼 _062

- **이름**: 큐드럼
- **나이**: 10세(2009년)
- **발명가**: 한스 핸드릭스(남아프리카공화국)
- **금액**: 약 6만 5천원
- **장점**: 한 번에 많은 양의 물을 담을 수 있고 이동하기도 편해.
- **단점**: 아프리카의 가정에서 구매하기에는 조금 비싸.

맹그로브 멤브레인 기술 _066

- **이름**: 맹그로브 멤브레인 기술
- **나이**: 2세(2017년)
- **발명가**: 이상준 포스텍 교수팀(대한민국)
- **금액**: 미정
- **장점**: 많은 바닷물을 생활용수나 식수, 농업용수로 쓸 수 있게 돼.
- **단점**: 기술 개발 초기 단계라 상용화되기까지 시간이 걸려.

페트병 전구 _094

- **이름**: 페트병 전구
- **나이**: 17세(2002년)
- **발명가**: 알프레도 모저(브라질)
- **금액**: 빈 페트병과 물
- **장점**: 저렴할뿐만 아니라 만들기도 쉽고 효과도 뛰어나.

페트병 에어컨 _087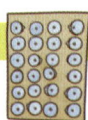

- **이름**: 페트병 에어컨
- **나이**: 3세(2016년)
- **발명가**: 그레이 다카(방글라데시)
- **금액**: 빈 페트병과 철판
- **장점**: 저렴한 가격으로 더위를 피할 수 있게 해 줘.
- **단점**: 과학적으로 큰 효과가 없다는 의견들이 나오고 있어.

지세이버 _089

- **이름**: 지세이버
- **나이**: 9세(2010년)
- **발명가**: 김만갑(대한민국)
- **금액**: 약 5만 원 정도인데, 주민들에게 반값에 보급하고 있대.
- **장점**: 난방비를 줄이는 것은 물론 대기 오염도 줄여 줘.

항아리 냉장고 .092

- **이름**: 항아리 냉장고
- **나이**: 19세(2000년)
- **발명가**: 모하메드 바 아바(나이지리아)
- **금액**: 항아리 두 개와 모래
- **장점**: 냉장고 없이 음식물을 오래 시원하게 보관할 수 있어.

기라도라 .095

- **이름**: 기라도라
- **나이**: 7세(2012년)
- **발명가**: 알렉스 캐번녹, 유지안(미국)
- **금액**: 약 4만 원
- **장점**: 물과 시간을 절약할 수 있어. 또 손으로 하는 것보다 힘도 덜하지.
- **단점**: 아직 상용화되지는 못했어.

사탕수수 숯 .096

- **이름**: 사탕수수 숯
- **나이**: 15세(2004년)
- **발명가**: D-lab
- **금액**: 1kg당 1000원 이내
- **장점**: 사탕수수 찌꺼기를 줄이고 환경도 보호할 수 있지.
- **단점**: 숯을 만드는 데 생각보다 많은 양의 사탕수수가 필요하고 운반의 어려움이 있다고 해.

쉐플러 조리기 .098

- **이름**: 쉐플러 조리기
- **나이**: 37세(1982년)
- **발명가**: 볼프강 쉐플러(독일)
- **금액**: 약 20만 원 정도면 만들 수 있어.
- **장점**: 화덕에서 나오는 유해 연기로부터 해방시켜 줘.

씨빈 .120

- **이름**: 씨빈
- **나이**: 6세(2013년)
- **발명가**: 앤드류 터튼, 피트 세글린스키(호주)
- **금액**: 2017년 여름 이후부터 판매할 예정이래.
- **장점**: 사람의 손이 닿기 어려운 곳에 있는 쓰레기까지 빨아들이지.

오션 클린업 .124

- **이름**: 오션 클린업
- **나이**: 7세(2012년 아이디어 발표)
- **발명가**: 보얀 슬랫(네덜란드)
- **장점**: 기존의 1/33의 가격으로 처리 속도가 7900배나 빨라졌다고 해.
- **단점**: 쓰레기 수집 시의 안정성이나 효율성은 조금 더 보완이 되어야 해.

찾아보기

참고 도서

- 적정기술미래포럼기획,《인간 중심의 기술 적정기술과의 만남》, 에이지, 2012
- 김찬중,《적정기술 현대문명에 길을 묻다》, 허원미디어, 2013
- 스미소니언 연구소,《소외된 90%를 위한 디자인》, 에딧더월드, 2010
- 나눔과 기술《적정기술 36.5도의 과학 기술》, 허원미디어, 2011
- 엘런 와이즈먼,《인간 없는 세상》, 랜덤하우스, 2007
- 수전 스트레서《낭비와 욕망: 쓰레기의 사회사》, 이후, 2010
- 데브라 데이비스,《대기오염 죽음의 그림자》, 에코리브로, 2004

참고 사이트

- https://www.theoceancleanup.com/
- http://seabinproject.com/
- https://www.youtube.com/watch?v=ScaDOpTcsmY&feature=youtu.be
- http://www.irobotnews.com/news/articleView.html?idxno=8181

지구를 구하는 발명책

2017년 11월 6일 초판 발행 | 2024년 10월 15일 4쇄 발행

지은이 유다정 | **그린이** 김소희
펴낸이 김기옥 | **펴낸곳** 봄나무 | **아동본부장** 박재성
편집 디자인 스튜디오 헤이,덕
영업 서지운 | **지원** 고광현 | **제작** 김형식
등록 제313-2004-50호(2004년 2월 25일)
주소 121-839 서울시 마포구 양화로 11길 13(서교동, 강원빌딩 5층)
전화 (02) 325-6694 | **팩스** (02) 707-0198
이메일 info@hansmedia.com

도서주문 한즈미디어(주)
주소 121-839 서울시 마포구 양화로 11길 13(서교동, 강원빌딩 5층)
전화 (02) 325-6694 | **팩스** (02) 707-0918

ⓒ 유다정, 김소희 2017
ISBN 979-11-5613-113-7 73500

사진 자료 제공
28쪽 http://www.qdrum.co.za/image-gallery?func=viewcategory&catid=7
29쪽 https://www.facebook.com/heroRAT
63쪽 http://www.qdrum.co.za/image-gallery
117쪽 http://blog.naver.com/koempr/220959399044
121쪽 http://seabinproject.com/#news-updates

● 이 책 내용의 일부 또는 전부를 재사용하려면 반드시 저작권자와 봄나무 양측의 동의를 얻어야 합니다.
● 이 책에 실린 사진 일부는 저작권자를 찾지 못한 채 쓰였습니다. 뒤에 연락해 주시면 합당한 사용료를 드리겠습니다.
● 책값은 뒤표지에 나와 있습니다.